心一堂術數古籍珍本叢刊

書名：子平實驗錄
系列：心一堂術數古籍珍本叢刊　星命類　第二輯　137
作者：【民國】孟耐園　撰
主編、責任編輯：陳劍聰
心一堂術數古籍珍本叢刊編校小組：陳劍聰　素聞　梁松盛　鄒偉才　虛白盧主

出版：心一堂有限公司
通訊地址：香港九龍旺角彌敦道六一〇號荷李活商業中心十八樓〇五—〇六室
深港讀者服務中心：中國深圳市羅湖區立新路六號羅湖商業大廈負一層〇〇八室
電話號碼：(852)67150840
網址：publish.sunyata.cc
電郵：sunyatabook@gmail.com
網店：http://book.sunyata.cc
淘寶店地址：https://shop210782774.taobao.com
微店地址：https://weidian.com/s/1212826297
臉書：https://www.facebook.com/sunyatabook
讀者論壇：http://bbs.sunyata.cc/

版次：二零一七年八月初版
平裝

定價：港幣　一百五十元正
　　　新台幣　五百九十八元正

國際書號：ISBN 978-988-8317-65-3

香港發行：香港聯合書刊物流有限公司
地址：香港新界大埔汀麗路36號中華商務印刷大廈3樓
電話號碼：(852)2150-2100
傳真號碼：(852)2407-3062
電郵：info@suplogistics.com.hk

台灣發行：秀威資訊科技股份有限公司
地址：台灣台北市內湖區瑞光路七十六巷六十五號一樓
電話號碼：+886-2-2796-3638
傳真號碼：+886-2-2796-1377
網絡書店：www.bodbooks.com.tw
台灣國家書店讀者服務中心：
地址：台灣台北市中山區松江路二〇九號一樓
電話號碼：+886-2-2518-0207
傳真號碼：+886-2-2518-0778
網絡書店：http://www.govbooks.com.tw

中國大陸發行　零售：深圳心一堂文化傳播有限公司
深圳地址：深圳市羅湖區立新路六號羅湖商業大廈負一層〇〇八室
電話號碼：(86)0755-82224934

心一堂微店二維碼

心一堂淘寶店二維碼

心一堂術數古籍 珍本 整理 叢刊 總序

術數定義

術數，大概可謂以「推算（推演）、預測人（個人、群體、國家等）、事、物、自然現象、時間、空間方位等規律及氣數，並或通過種種『方術』，從而達致趨吉避凶或某種特定目的」之知識體系和方法。

術數類別

我國術數的內容類別，歷代不盡相同，例如《漢書・藝文志》中載，漢代術數有六類：天文、曆譜、五行、蓍龜、雜占、形法。至清代《四庫全書》，術數類則有：數學、占候、相宅相墓、占卜、命書、相書、陰陽五行、雜技術等，其他如《後漢書・方術部》、《藝文類聚・方術部》、《太平御覽・方術部》等，對於術數的分類，皆有差異。古代多把天文、曆譜、及部分數學均歸入術數類，而民間流行亦視傳統醫學作為術數的一環；此外，有些術數與宗教中的方術亦往往難以分開。現代民間則常將各種術數歸納為五大類別：命、卜、相、醫、山，通稱「五術」。

本叢刊在《四庫全書》的分類基礎上，將術數分為九大類別：占筮、星命、相術、堪輿、選擇、三式、讖諱、理數（陰陽五行）、雜術（其他）。而未收天文、曆譜、算術、宗教方術、醫學。

術數思想與發展——從術到學，乃至合道

我國術數是由上古的占星、卜筮、形法等術發展下來的。其中卜筮之術，是歷經夏商周三代而通過「龜卜、蓍筮」得出卜（筮）辭的一種預測（吉凶成敗）術，之後歸納並結集成書，此即現傳之《易

經》。經過春秋戰國至秦漢之際，受到當時諸子百家的影響、儒家的推崇，遂有《易傳》等的出現，原本是卜筮術書的《易經》，被提升及解讀成有包涵「天地之道（理）」之學。因此，《易・繫辭傳》曰：「易與天地準，故能彌綸天地之道。」

漢代以後，易學中的陰陽學說，與五行、九宮、干支、氣運、災變、律曆、卦氣、讖緯、天人感應說等相結合，形成易學中象數系統。而其他原與《易經》本來沒有關係的術數，如占星、形法、選擇，亦漸漸以易理（象數學說）為依歸。《四庫全書・易類小序》云：「術數之興，多在秦漢以後。要其旨，不出乎陰陽五行，生尅制化。實皆《易》之支派，傳以雜說耳。」至此，術數可謂已由「術」發展成「學」。

及至宋代，術數理論與理學中的河圖洛書、太極圖、邵雍先天之學及皇極經世等學說給合，通過術數以演繹理學中「天地中有一太極，萬物中各有一太極」（《朱子語類》）的思想。術數理論不單已發展至十分成熟，而且也從其學理中衍生一些新的方法或理論，如《梅花易數》、《河洛理數》等。

在傳統上，術數功能往往不止於僅僅作為趨吉避凶的方術，及「能彌綸天地之道」的學問，亦有其「修心養性」的功能，「與道合一」（修道）的內涵。《素問・上古天真論》：「上古之人，其知道者，法於陰陽，和於術數。」數之意義，不單是外在的算數、歷數、氣數，而是與理學中同等的「道」、「理」──心性的功能，北宋理氣家邵雍對此多有發揮：「聖人之心，是亦數也」、「萬化萬事生乎心」、「心為太極」。《觀物外篇》：「先天之學，心法也。……蓋天地萬物之理，盡在其中矣，心一而不分，則能應萬物。」反過來說，宋代的術數理論，受到當時理學、佛道及宋易影響，認為心性本質上是等同天地之太極。天地萬物氣數規律，能通過內觀自心而有所感知，即是內心也已具備有術數的推演及預測、感知能力；相傳是邵雍所創之《梅花易數》，便是在這樣的背景下誕生。

《易・文言傳》已有「積善之家，必有餘慶；積不善之家，必有餘殃」之說，至漢代流行的災變說及讖緯說，我國數千年來都認為天災，異常天象（自然現象），皆與一國或一地的施政者失德有關；下至家族、個人之盛衰，也都與一族一人之德行修養有關。因此，我國術數中除了吉凶盛衰理數之外，人心的德行修養，也是趨吉避凶的一個關鍵因素。

術數與宗教、修道

在這種思想之下，我國術數不單只是附屬於巫術或宗教行為的方術，又往往是一種宗教的修煉手段——通過術數，以知陰陽，乃至合陰陽（道）。「其知道者，法於陰陽，和於術數。」例如，「奇門遁甲」術中，即分為「術奇門」與「法奇門」兩大類。「法奇門」中有大量道教中符籙、手印、存想、內煉的內容，是道教內丹外法的一種重要外法修煉體系。甚至在雷法一系的修煉上，亦大量應用了術數內容。此外，相術、堪輿術中也有修煉望氣（氣的形狀、顏色）的方法；堪輿家除了選擇陰陽宅之吉凶外，也有道教中選擇適合修道環境（法、財、侶、地中的地）的方法，以至通過堪輿術觀察天地山川陰陽之氣，亦成為領悟陰陽金丹大道的一途。

易學體系以外的術數與的少數民族的術數

我國術數中，也有不用或不全用易理作為其理論依據的，如揚雄的《太玄》、司馬光的《潛虛》。也有一些占卜法、雜術不屬於《易經》系統，不過對後世影響較少而已。

外來宗教及少數民族中也有不少雖受漢文化影響（如陰陽、五行、二十八宿等學說。）但仍自成系統的術數，如古代的西夏、突厥、吐魯番等占卜及星占術，藏族中有多種藏傳佛教占卜術、苯教占卜術、擇吉術、推命術、相術等；北方少數民族有薩滿教占卜術；不少少數民族如水族、白族、布朗族、佤族、彝族、苗族等，皆有占雞（卦）草卜、雞蛋卜等術，納西族的占星術、占卜術，彝族畢摩的推命術、占卜術……等等，都是屬於《易經》體系以外的術數。相對上，外國傳入的術數以及其理論，對我國術數影響更大。

曆法、推步術與外來術數的影響

我國的術數與曆法的關係非常緊密。早期的術數中，很多是利用星宿或星宿組合的位置（如某星在某州或某宮某度）付予某種吉凶意義，并據之以推演，例如歲星（木星）、月將（某月太陽所躔之宮次）等。不過，由於不同的古代曆法推步的誤差及歲差的問題，若干年後，其術數所用之星辰的位置，已與真實星辰的位置不一樣了；此如歲星（木星），早期的曆法及術數以十二年為一周期（以應地支），與木星真實周期十一點八六年，每幾十年便錯一宮。後來術家又設一「太歲」的假想星體來解決，是歲星運行的相反，週期亦剛好是十二年。而術數中的神煞，很多即是根據太歲的位置而定。又如六壬術中的「月將」，原是立春節氣後太陽躔娵訾之次而稱作「登明亥將」，至宋代，因歲差的關係，要到雨水節氣後太陽才躔娵訾之次，當時沈括提出了修正，但明清時六壬術中「月將」仍然沿用宋代沈括修正的起法沒有再修正。

由於以真實星象周期的推步術是非常繁複，而且古代星象推步術本身亦有不少誤差，大多數術數除依曆書保留了太陽（節氣）、太陰（月相）的簡單宮次計算外，漸漸形成根據干支、日月等的各自起例，以起出其他具有不同含義的眾多假想星象及神煞系統。唐宋以後，我國絕大部分術數都主要沿用這一系統，也出現了不少完全脫離真實星象的術數，如《子平術》、《紫微斗數》、《鐵版神數》等。後來就連一些利用真實星辰位置的術數，如《七政四餘術》及選擇法中的《天星選擇》，也已與假想星象及神煞混合而使用了。

隨着古代外國曆（推步）、術數的傳入，如唐代傳入的印度曆法及術數，元代傳入的回回曆等，其中我國占星術便吸收了印度占星術中羅睺星、計都星等而形成四餘星，又通過阿拉伯占星術而吸收了其中來自希臘、巴比倫占星術的黃道十二宮、四大（四元素）學說（地、水、火、風），並與我國傳統的二十八宿、五行說、神煞系統並存而形成《七政四餘術》。此外，一些術數中的北斗星名，不用我國傳統的星名：天樞、天璇、天璣、天權、玉衡、開陽、搖光，而是使用來自印度梵文所譯的：貪狼、巨門、祿存、文曲，廉貞、武曲、破軍等，此明顯是受到唐代從印度傳入的曆法及占星術所影響。如星命術中的《紫微斗數》及堪輿術中的《撼龍經》等文獻中，其星皆用印度譯名。及至清初《時憲曆》，置閏之法則改用西法「定氣」。清代以後的術數，又作過不少的調整。

此外，我國相術中的面相術、手相術，唐宋之際受印度相術影響頗大，至民國初年，又通過翻譯歐西、日本的相術書籍而大量吸收歐西相術的內容，形成了現代我國坊間流行的新式相術。

陰陽學——術數在古代、官方管理及外國的影響

術數在古代社會中一直扮演着一個非常重要的角色，影響層面不單只是某一階層、某一職業、某一年齡的人，而是上自帝王，下至普通百姓，從出生到死亡，不論是生活上的小事如洗髮、出行等，大事如建房、入伙、出兵等，從個人、家族以至國家，從天文、氣象、地理到人事、軍事，從民俗、學術到宗教，都離不開術數的應用。我國最晚在唐代開始，已把以上術數之學，稱作陰陽（學），行術數者稱陰陽人。（敦煌文書、斯四三二七唐《師師漫語話》：「以下說陰陽人謾語話」，此說法後來傳入日本，今日本人稱行術數者為「陰陽師」）。一直到了清末，欽天監中負責陰陽術數的官員中，以及民間術數之士，仍名陰陽生。

古代政府的中欽天監（司天監），除了負責天文、曆法、輿地之外，亦精通其他如星占、選擇、堪輿等術數，除在皇室人員及朝庭中應用外，也定期頒行日書、修定術數，使民間對於天文、日曆用事吉凶及使用其他術數時，有所依從。

我國古代政府對官方及民間陰陽學及陰陽官員，從其內容、人員的選拔、培訓、認證、考核、律法監管等，都有制度。至明清兩代，其制度更為完善、嚴格。

宋代官學之中，課程中已有陰陽學及其考試的內容。（宋徽宗崇寧三年〔一一零四年〕崇寧算學令：「諸學生習……並曆算、三式、天文書。」「諸試……三式即射覆及預占三日陰陽風雨。天文即預

定一月或一季分野災祥，並以依經備草合問為通。」

金代司天臺，從民間「草澤人」（即民間習術數人士）考試選拔：「其試之制，以《宣明曆》試推步，及《婚書》、《地理新書》試合婚、安葬，並《易》筮法，六壬課、三命、五星之術。」（《金史》卷五十一・志第三十二・選舉一）

元代為進一步加強官方陰陽學對民間的影響、管理、控制及培育，除沿襲宋代、金代在司天監掌管陰陽學及中央的官學陰陽學課程之外，更在地方上增設陰陽學課程（《元史・選舉志一》：「世祖至元二十八年夏六月始置諸路陰陽學。」）地方上也設陰陽學教授員，培育及管轄地方陰陽人。（《元史・選舉志一》：「（元仁宗）延祐初，令陰陽人依儒醫例，於路、府、州設教授員，凡陰陽人皆管轄之，而上屬於太史焉。」）自此，民間的陰陽術士（陰陽人），被納入官方的管轄之下。

至明清兩代，陰陽學制度更為完善。中央欽天監掌管陰陽學，明代地方縣設陰陽學正術，各州設陰陽學典術，各縣設陰陽學訓術。陰陽人從地方陰陽學肄業或被選拔出來後，再送到欽天監考試。（《大明會典》卷二二三：「凡天下府州縣舉到陰陽人堪任正術等官者，俱從吏部送（欽天監），考中，送回選用；不中者發回原籍為民，原保官吏治罪。」）清代大致沿用明制，凡陰陽術數之流，悉歸中央欽天監及地方陰陽官員管理、培訓、認證。至今尚有「紹興府陰陽印」、「東光縣陰陽學記」等明代銅印，及某某縣某某之清代陰陽執照等傳世。

清代欽天監漏刻科對官員要求甚為嚴格。《大清會典》「國子監」規定：「凡算學之教，設肄業生。滿洲十有二人，蒙古、漢軍各六人，於各旗官學內考取。漢十有二人，於舉人、貢監生童內考取。附學生二十四人，由欽天監選送。教以天文演算法諸書，五年學業有成，舉人引見以欽天監博士用，貢監生童以天文生補用。」學生在官學肄業、貢監生肄業或考得舉人後，經過了五年對天文、算法、陰陽學的學習，其中精通陰陽術數者，會送往漏刻科。而在欽天監供職的官員，《大清會典則例》「欽天監」規定：「本監官生三年考核一次，術業精通者，保題升用。不及者，停其升轉，再加學習。如能黽勉供職，即予開復。仍不及者，降職一等，再令學習三年，能習熟者，准予開復，仍不能者，黜退。」除定期考核以定其升用降職外，《大清律例》中對陰陽術士不準確的推斷（妄言禍福）是要治罪的。《大清律例·一七八·術七·妄言禍福》：「凡陰陽術士，不許於大小文武官員之家妄言禍福，違者杖一百。其依經推算星命卜課，不在禁限。」大小文武官員延請的陰陽術士，自然是以欽天監漏刻科官員或地方陰陽官員為主。

官方陰陽學制度也影響鄰國如朝鮮、日本、越南等地，一直到了民國時期，鄰國仍然沿用着我國的多種術數。而我國的漢族術數，在古代甚至影響遍及西夏、突厥、吐蕃、阿拉伯、印度、東南亞諸國。

術數研究

術數在我國古代社會雖然影響深遠，「是傳統中國理念中的一門科學，從傳統的陰陽、五行、九宮、八卦、河圖、洛書等觀念作大自然的研究。……傳統中國的天文學、數學、煉丹術等，要到上世紀中葉始受世界學者肯定。可是，術數還未受到應得的注意。術數在傳統中國科技史、思想史，文化史、社會史，甚至軍事史都有一定的影響。……更進一步了解術數，我們將更能了解中國歷史的全貌。」（何丙郁《術數、天文與醫學中國科技史的新視野》，香港城市大學中國文化中心。）

可是術數至今一直不受正統學界所重視，加上術家藏秘自珍，又揚言天機不可洩漏，「（術數）乃吾國科學與哲學融貫而成一種學說，數千年來傳衍嬗變，或隱或現，全賴一二有心人為之繼續維繫，賴以不絕，其中確有學術上研究之價值，非徒癡人說夢，荒誕不經之謂也。其所以至今不能在科學中成立一種地位者，實有數因。蓋古代士大夫階級目醫卜星相為九流之學，多恥道之；而發明諸大師又故為惝恍迷離之辭，以待後人探索；間有一二賢者有所發明，亦秘莫如深，既恐洩天地之秘，復恐譏為旁門左道，始終不肯公開研究，成立一有系統說明之書籍，貽之後世。故居今日而欲研究此種學術，實一極困難之事。」（民國徐樂吾《子平真詮評註》，方重審序）

現存的術數古籍，除極少數是唐、宋、元的版本外，絕大多數是明、清兩代的版本。其內容也主要是明、清兩代流行的術數，唐宋或以前的術數及其書籍，大部分均已失傳，只能從史料記載、出土文獻、敦煌遺書中稍窺一鱗半爪。

術數版本

坊間術數古籍版本，大多是晚清書坊之翻刻本及民國書賈之重排本，其中豕亥魚魯，或任意增刪，往往文意全非，以至不能卒讀。現今不論是術數愛好者，還是民俗、史學、社會、文化、版本等學術研究者，要想得一常見術數書籍的善本、原版，已經非常困難，更遑論如稿本、鈔本、孤本等珍稀版本。在文獻不足及缺乏善本的情況下，要想對術數的源流、理法、及其影響，作全面深入的研究，幾不可能。

有見及此，本叢刊編校小組經多年努力及多方協助，在海內外搜羅了二十世紀六十年代以前漢文為主的術數類善本、珍本、鈔本、孤本、稿本、批校本等數百種，精選出其中最佳版本，分別輯入兩個系列：

一、心一堂術數古籍珍本叢刊

二、心一堂術數古籍整理叢刊

前者以最新數碼（數位）技術清理、修復珍本原本的版面，更正明顯的錯訛，部分善本更以原色彩色精印，務求更勝原本。并以每百多種珍本、一百二十冊為一輯，分輯出版，以饗讀者。

後者延請、稿約有關專家、學者，以善本、珍本等作底本，參以其他版本，古籍進行審定、校勘、注釋，務求打造一最善版本，方便現代人閱讀、理解、研究等之用。

限於編校小組的水平，版本選擇及考證、文字修正、提要內容等方面，恐有疏漏及舛誤之處，懇請方家不吝指正。

心一堂術數古籍 珍本 整理 叢刊編校小組

二零零九年七月序

二零一四年九月第三次修訂

子平實驗錄序

孟君耐園亞聖後裔前清孝廉品學兼優擬彭擬彭末條不得志藉命理以酬世占卜奇靈名震全國民有名公巨卿無不就教焉民國四年袁項城洪憲時代段合肥下野避難余訪先生問休咎據云次年丙辰項城必亡合肥登台余不深信乃屆時若合符節余為四川查辦使兼長江總司令遂聘先生為秘書同赴川省戰事不利蜀道崎嶇槍林彈雨赤足步行冒險二十餘日九死一生始退歸宜昌嗣為荆宜道尹宜昌縣宰此十餘年同余四次患難左右不離均係隻身脫險或問先生預算不利何不早避先生云吳公命運非屢經危險不能達

完全目的故患難相同鞠躬盡瘁而已其忠義之氣可為中國奇男子其抱負不凡可為當代大名士至於命理精奇不過聊試一技云爾

吳光新

曾序

子平一道奧妙極矣余于段合肥八字乙丑己卯乙亥壬午研究多年又與各名家時常琢磨其奇貴理由均屬茫然自民國四年經先生指示為五行得祿互祿格局始皆恍然及閱三命通會乙亥壬午青帝赤帝之論恰合袁段交替之際亦云奇矣再者滴天髓余在北京各坊徧購不得經先生指明漢鏡齋四種從此滴天髓一書始經名家另付梓人專成一帙此書乃不致理沒先生學術經驗誠當代之巨擘也

曾雲沛

耐園自序

邇來命理之書汗牛充棟大抵各持己見自原其說余獨得力者在切實經驗所有四十年批評之命不拘其何等格局但觀其禀五行之氣强弱衰旺或用神或日主純一不雜者為奇貴偏枯有救者富貴偏枯無制者貧賤平正而五行兼全者平常之士平正而刑冲戰尅者孤夭之流其應驗最速者在干支通氣與否又在命運流年之刑冲破合觀淵海神峯三命等書皆於冲合者甚發明能于冲合刑尅闡發精微可謂驪珠獨探矣蓋命運隨潮流轉移今非昔比拘于正官正印則大謬矣古人云盡信書則不如無書洵不誣也

民國十八年夏歷己巳年重陽節後五日
孟耐園戲墨于瀋陽旅次

子平實驗序

自古研究命理者莫神于鬼谷子董江都東方曼倩管公明陳希夷徐子平張神峯萬育吾沈孝瞻沈金山等諸賢但其間未暇著書者有之年遠代久失傳者有之故近代研究命理者多宗淵海子平滴天髓子平詮真三命通會等書然詮解失諦未能無訛以致傳書而古人之精意不必與之盡傳苟有博學深思神明其故者不難自為其書[illegible]闡發微闡幽剖扶天人之奥憶覺少時内承父兄之訓外蒙師友之規日用間雖未克居易俟命然不敢不循理安分且素慕高人達士十有餘年披星戴月遍訪名賢冀北江南不知幾經寒暑著戊辰

冬偶來連濱巧遇耐園歷下盃先生者别號亞康節
廼亞聖之後裔歷任宰官依然兩袖清風秉性剛介
樂道安貧熙熙有太古之遺風落落有出塵儀表形
如古木喬松聲如金鐘玉磬雙眸炯炯兩鬓蒼蒼
疑非塵寰中人命理如神預知禍福日在紅塵擾
攘中乃能傲徙富貴垂簾賣卜蕭然自得覺殊感
先生相待獨厚見時必快譚無隱評古論今無不
出人意表日以繼夜屢至漏下四鼓尤篝燈不輟
近且示以新著之書曰子平實驗捧讀之餘尤深
驚服知先生以天地聖人之心為心諄諄勸諭欲
使天下之人居易俟命萬勿行險僥倖覺戎禹書
生深慚荒蕪雖累千萬言不足揄揚一二聊抒管見
僅寫大概云爾

己巳季秋望日彭城北陵胡覺天民
拜撰

八

例言

一本書所列八字東北人士居多因多朋好未便直書不吉間有曲筆閱者細察便知

一本書勸人趨吉避凶知命君子幸勿因批評不吉之運遂加斥責是幸

一卷下係余四十年研究雖字句不多而古今子平之書其疑團難解者均可渙然冰釋其秘密奧妙之理續編出版再行貢獻

一子平之書汗牛充棟余四十年之久將古今命書搜羅考查以神峯闢謬為最其次則滴天髓只嫌簡畧至于三命通會太煩雜精妙者固不少其繁瑣無稽者太多迹近江湖之士為餬口者所崇尚

九

十

內如金輿祿驛馬名目有數百種喪門弔客等說
尤為荒謬所堪欽者內有乙亥日壬午時為將相
公侯將段祺瑞八字批出若合符節亦云奇矣
一部人是年五十六歲係山東歷城縣籍因有冒名
在外招搖者請注意勿受其騙為幸
孟繼純字厚庵別號
耐園外人呼曰亞康
節

實驗卷上

命理人物誌

孫文
馮國璋
張作霖
萬福麟
孫傳芳
李純
程文選
于莊山
劉震東
郭殷舉

溥儀
徐世昌
蔣介石
張作相
吳佩孚
唐生智
汲金純
高春圃
張學成
牛蓀奇

袁世凱
曹錕
馮玉祥
閻錫山
吳光新
于珍
朱慶瀾
劉蓀慶
劉翼飛
張復

黎元洪
段祺瑞
張學良
張紹曾
王占元
戢翼翹
何佩鎔
王瑞華
何柱國
劉鶴齡

郭丹
部文凱
包幼卿
姜鴻達
闞嘉奇
劉榮國
馬惠階
左鳳樓
王禹伯

吳靜山
王震東
徐祖詒
齊肅
董即脩
盧孝侯
安靜山
闞文泰
先君冠三公之命

侯瑩
章啟槐
曾廣麟
班平秀
高祿鎮
王致修
郭孟珩
黃慶階
趙子端

高勝岳
谷金聲
趙志白
馬英韜
李振國
王冷佛
陳祝三
胡天民
李佩芹

卷下 命理搜真

論格局
論正財偏財
論正印偏印
論七煞
論正官
論傷官 并傷官見官
論官煞混雜
論祿馬
論局方
論驛馬

論五行合化
論天月二德
論天乙貴人
論羊刃
論日年相併
論干支相合
論沖尅
論蓋頭截脚及各種關煞名目
以上所論皆余特別經驗所有淵海神峯三命真詮滴天髓等書折衷一是頗不易也

孫文

乙丑　丁亥　丁酉　壬寅

六歲	十六	廿六	卅六	四六	五六	六六
丙戌	乙酉	甲申	癸未	壬午	辛巳	庚辰

丁屬陰火外柔順而內文明抱乙合壬乙得寅根壬得亥祿丁坐長生而亥酉皆為天乙貴人亥宮又居驛馬之地亥為天門驛馬貴人均登天門故

十六

逢辛亥年如天門閃開為一國之元首但兩丁合壬為妒合驛馬透比肩故生平功業備嘗險阻而後成且受比肩之爭六十一入已運冲亥驛馬貴人均冲破寅卯刑傷丁火無根亥之驛馬加鞭策故命終之時仍奔波勞瘁耳

溥儀

丙午
庚寅
壬午
丙午

九歲 辛卯
十九 壬辰
二十九 癸巳
三十九 甲午
四十九 乙未
五十九 丙申

三合祿馬同鄉之格壬水生於三陽開泰之時丙丙三午木火通明八字純陽離卦文明乾卦陽剛有亢龍之象又三午為祿馬同鄉所以奇貴借庚金

奇文

十八

印綬太弱身弱財旺富屋貧人不能享受祖業因庚壬皆無金水根基之故也壬子冲三年祖業失敗辛辛卯壬辰癸三大運金水相助不致有性命憂巳火為丙之祿使不吉矣

宣統元年戊申余在津門設硯有人來批此命人余云身弱財旺雖富貴恐九歲以前祖基失敗此人云係宣統之遠友人沈鐵庵在座係在武昌供職伊到鄂登報將余批大運圈點均登出竟然皆驗矣

袁世凱

己未
癸酉
丁巳
丁未

三歲	壬申
十三	辛未
廿三	庚午
卅三	己巳
四三	戊辰
五三	丁卯

項城之命或以獨煞透天為貴或以食先煞後為貴或以拱祿夾貴或以虛邀帝闕取見不見之形各執偏見余獨取其丁巳長生在酉癸水

十九

七煞[redacted]坐酉其奇貴均萃聚于天乙貴人提綱之
地所以卯運冲破酉宮丁己癸根基推倒故立
見滅亡也

黎元洪

甲子
甲戌
丁巳
甲辰

八歲	乙	亥
十八	丙	子
廿八	丁	丑
卅八	戊	寅
四八	己	卯
五八	庚	辰

人鑑作為癸卯時非也民國五年丁巳黎公派黎本唐訪余批命批云木火通明歲德扶煞三甲為印厚德載福子平云印多者福必厚因有辰戌之

冲歲德之煞故掌一國軍政之符辛亥年亥冠地
冲驛馬冲起在巳運食神制煞此年歲一發衰而
定邦國因八字缺金而子水太弱辛亥之冲正
所喜也壬戌年余致黎公張紹曾一函云兩公
之命皆木旺缺金來生水壬戌水透必一同登台
黎公派胡龍驤來詢何月出山余云秋金當令
必為元首果驗二公同是戌月逢戌年皆得志
六十三辰運冲戌天羅地網故歸道山也

馮國璋

戊午
乙丑
乙巳
戊寅

十歲 丙寅
二十 丁卯
三十 戊辰
四十 己巳
五十 庚午
六十 辛未
七十 壬申

兩干不雜乙長生在午戊祿在巳兩干均得旺地而丑為武庫故總握軍符而為大總統巳丑半金局因官煞兩藏不逢金運故發達稍遲

五十歲庚運逢辛亥年七煞透出威振全邦此命缺金水故喜辛亥金水不怕天尅地冲耳袁黎馮三公皆巳日逢亥年驛馬大動[illegible]立不世之勳名已未年財旺身弱又冲丑之提綱故不祿此命正財透于命書云主貪吝好貨財此公素為阿堵物所累確有此評論也

徐世昌

乙卯
丙戌
癸酉
丙辰

五歲　乙酉
十五　甲申
廿五　癸未
卅五　壬午
四五　辛巳
五五　庚辰
六五　己卯
七五　戊寅

卯酉辰戌大冲大合癸水日主僅賴酉生弱干極點偏枯之至得有辰酉之合以救其弱所謂病重得藥主大貴行庚辛運大顯達辰運冲戌庫不冲

二卷

不發困辰為水庫助癸日主為一國元首己卯煞重冲印故退于林下戊運正官貪合恐癸酉年七十九歲防大限日犯太歲之害也

曹錕

壬戌
壬子
庚子
丙子

歲	運
九歲	癸丑
十九	甲寅
廿九	乙卯
卅九	丙辰
四九	丁巳
五九	戊午
六九	己未

時上一位貴之格但壬子制煞太過金寒水冷喜火以煖之喜土以培之此命透丙得戌為根獨煞透天主握萬里兵符兩壬三子食神通氣其

厚德載福宜為一國元首自四十四辰冲戌庫統率萬軍大立勳名戊運尅制壬食救起丙煞海內之領袖命也運也七土壬申三壬并立恐不諱也

段祺瑞

乙丑
己卯
乙亥
壬午

一歲	戊寅
十一	丁丑
廿一	丙子
卅一	乙亥
四一	甲戌
五一	癸酉
六一	壬申

合肥之命無煞無刃乍觀之普通無奇及看三命通會有乙卯日壬午時赤帝爲午青帝爲乙位列極品觀此乃知真奇貴且乙巳壬俱得祿

交互得祿之貴有丑為武庫在太歲之位宜 三十
其握全國兵符也甲戌十年大展懷抱乙木扶
甲氣旺戌丑刑開武庫故大得志五十六酉運
冲卯本當遇險幸有亥有午以救解之先生又
誦經行善直皖之役雖敗尚存性命申運癸酉
年恐有不諱耳

張作霖

乙亥
己卯
庚辰
丁丑

五歲 戊寅
十五 丁丑
廿五 丙子
卅五 乙亥
四五 甲戌

庚辰魁罡之星逢亥為天池辰龍逢亥乃龍躍天池之格其貴為極峯非僅正財正官正印三奇合局而已也行運戍冲辰龍故為一國元首

但庚辰日行甲戌運天尅地冲又戊辰流年與甲戌運仍天尅地冲魁罡忌冲尅竟然喪身孰謂子平無憑耶

蔣介石

丁亥
庚戌
己巳
庚午

八歲 己酉
十八 戊申
廿八 丁未
卅八 丙午
四八 乙巳
五八 甲辰

馮玉祥

壬午
庚戌
己酉
庚午

一歲辛亥
十一壬子
廿一癸丑
卅一甲寅
四一乙卯
五一丙辰

兩造同是日祿歸時不見官星格局奇貴蔣兩庚長生在巳馮兩庚得酉其一壬一亥一丁兩午均匀相同真是天造地設兩雄不並立也

三四

林觀瀑云余著人鑑內無蔣介石八字丙寅
秋在滬見丕康節先生談蔣八字云丁卯必
佔南京恐己巳年不利余深欽佩為之出名
登新申兩報全國共見彼時蔣未到鄂即登
各報謂孫傳芳吳佩孚必大失敗蔣必大統
一也及己巳年先生在瀋陽端陽節後三日登
東三省民報公報滿州各報批示蔣命日會
元辰冲動太歲輓馮更有風波秋後蔣馮果
然大戰而蔣則四方楚歌并有被刺之險
己巳秋錄
又續錄夏歷十月各方函箋來責斥余妄言
將無風波鄂人仍再登報云十月亥受巳冲
必然不靖詎料十月三十日唐石反動浦口

滬寗兵變紛擾竟然應驗東北人士均甚驚訝不已也
庚午年元旦再錄

張學良

辛丑
癸巳
壬子
庚子

九歲　壬辰
十九　辛卯
廿九　庚寅
卅九　己丑
四九　戊子
五九　丁亥
六九　丙戌

壬癸辛人三奇一貴也壬日子多飛天祿馬二貴也巳月內有戊土七煞與子刃相會煞刃雙顯三貴也現行庚運尚非大得志之時諸宜慎重迫

三七

三八

至三十四歲寅運財煞兩旺统一山河爲四萬萬同胞造幸福也多矣

萬福麟

	年	月	日	時
干	辛	辛	戊	壬
支	巳	丑	申合	子合

一歲	十一	廿一	卅一	四一	五一
庚子	己亥	戊戌	丁酉	丙申	乙未

傷官不見官而見壬子之財所謂土金傷官不見官成為大格局與蔣馮之巳日透兩庚土金傷官相同妙在不見官此即合潮流而為封疆

四十

大吏也至其身旺合祿救主巨富但辛未流年
入乙運傷官見官恐不利也容再細批

張作相

辛巳
辛卯
辛丑
辛卯

二歲	庚	寅
十二	己	丑
廿二	戊	子
卅二	丁	亥
四二	丙	戌
五二	乙	酉

八字純陰巳丑半會金局財官兩旺不刑不冲至于天干一氣尤為奇貴大貴者用財不用官如非卯月卯時雖天干一氣未必膺封圻

之任其特美處在丙卯生巳火之官也行丙運
正官透天大握兵符戌運卯戌相合又為火庫
官星顯明刑開丑庫故節鉞河山其福澤悠久
逈異羣流但辛未流年衆比相爭丑未相冲恐
有拂意之事容再詳批

閻錫山

癸未
辛酉　七煞
乙酉　七煞
丁丑

十歲　庚申
二十　己未
三十　戊午
四十　丁巳
五十　丙辰
六十　乙卯

四柱純陰食先煞後之格辛煞得兩酉為祿乙木得癸未生扶身煞兩停此普通之理也辛煞太旺丁火有未中乙丁根基偏倚而有救故主顯

四三

貴其長久在位之故自三十歲戊癸化火以至丙運皆係助丁尅辛并未行助金之運其福澤綿遠良有由也現行己運雖係火旺但巳酉丑會金局庚午流年官煞混雜再辛未流年冲丑庫辛煞太重此兩年耐守為妙辰運合兩酉化金恐不諱耳

張紹曾

己卯
甲戌
乙亥
己卯

四歲	癸酉
十四	壬申
廿四	辛未
卅四	庚午
四四	己巳
五四	戊辰

乙木得兩卯為祿日祿歸時不見官星故貴為揆席民國甲寅年初見余云此格局與李合肥相同現當鎮守以上他年必為總揆伊云現由

四五

綏遠都統方回津門壬戌年正月余致伊函云今年當與黎黃陂同登台蓋兩公皆戌月生人張則戌合祿堂之卯黎則戌開官庫之辰也兩公果于秋間同入閣凡日祿歸時格四柱怕見金行運仍喜見金如拘于書詞忌見官星則謬矣張公前年鼻生一瘡手搔成疤余云論相恐五旬大險戊辰五月王典型來滬云敬輿三月遇難矣鼻準應在四十八歲何以先生預言五旬大險余云燕山集相書云鼻準為五旬余自己四十八歲在閘魯縣辦鹺務不利五十歲在閩為甯德縣長一年名利均收余鼻準尚豐始決斷為五旬之部位此亦特別經驗也

孫傳芳

乙酉
庚辰
壬寅
己酉

五歲 己卯
十五 戊寅
廿五 丁丑
卅五 丙子
四五 乙亥
五五 甲戌

梟神透出兩酉為根金水太旺偏枯之至而四柱缺火幸有寅中丙火以救其偏乙木生之辰中乙木亦生丙火龍虎拱門壬騎虎背故主

四七

顯貴梟坐七煞故掌兵符但金寒水冷傷官見官丙運一步驟然特達只因缺火無溫煖之氣風波太重[redacted]余民國七年在宜昌孫為旅長余云行丙運不次擢升保障東南之半壁子運羊刃過旺丁卯流年冲兩酉之印必然下野余于丙寅年在滬上預登新申兩報斷其丁卯失敗全國共見到時果驗且在卯月退位奇哉奇哉

吳佩孚

甲戌
戊辰
己酉
丁卯

五歲 己巳
十五 庚午
廿五 辛未
卅五 壬申
四五 癸酉
五五 甲戌

卯酉辰戌大冲大合與徐菊人大總統命相彷彼則身弱此則身旺其弱旺均偏倚有救故皆大顯弱則文職強則武職弱用印強用煞觀此

兩造余謂偏極有救大貴之説可證明矣鄗人在閩甲子年正月對人云吳子五秋間入酉運冲卯流年兩甲妒合九月甲戌必下野果如我言或改為辰時者謬也合官留煞之格酉運冲卯煞故失敗余斷其甲戌十年甲運妒合仍難再起戌運恐不祿

吳光新

壬午
丙午
癸未
癸亥

八歲 丁未
十八 戊申
廿八 己酉
卅八 庚戌
四八 辛亥
五八 壬子

乙卯年洪憲時代吳來批命余云丁巳為驛馬又為天乙貴人四五月必握萬人之符到時果驗約余同入川在重慶為熊克武包圍

全軍退散各課及衛隊均乘船而逃余隨吳公步行出城七十里拂曉搶林彈雨前阻後攻蜀道崎嶇陰雨泥塗道窄如羊腸余同吳公赤足步行二十餘天九死一生為張冲司令所困詢余歷史知余精于批命格外優待饋送行李派一排人送余百餘里嗣因退到宜昌戰勝沙市余代理荊宜道尹并任宜昌縣長此十數年余同吳公四次患難均隻身脫險彼此性情皆剛直不屈命運相貌亦皆勞苦無福蓋其命財煞太旺而無甲乙印綬故少福澤耳

王占元

辛酉
庚寅
庚子
己卯

六歲　己丑
十六　戊子
廿六　丁亥
卅六　丙戌
四六　乙酉
五六　甲申
六六　癸未
七六　壬午

庚辛日主氣旺偏倚有寅卯之救故迺閱兩湖

鄙人己未年宜昌卸篆晉見何佩鎔省長引余秘室單見何公云識我否余惶恐難答

五三

何云前五年我同張壽鏞在北京訪君謂我必為省長張戊午年有風波彼時余為參謀想為旅長決不能為文職及戊午張罷免財廳余繼其任君亦為宜昌縣余去年升省長君真神乎技矣署坐取王督八字云他人批明年申運申年恐有性命之憂余云申為庚祿助日主氣旺辛酉春升級八月酉冲卯恐下野辛酉王督春升巡閱秋則罷免至今瞿鑠哉寅申卯酉有輕冲重冲分別淺見者非所知也

李純

癸酉
辛酉
己卯
乙丑

六歲 庚申
十六 己未
廿六 戊午
卅六 丁巳
四六 丙辰

辛金七煞坐兩酉為祿金太偏倚而有丁火救之故開府江右庚申冬在北京春華樓飲酒在座有張繼襄曲倬新徐仁鑑丁太史皆精于

五五

命理者徐云明年王占元申運酉年必亡余云罷職未必喪命徐不悦云卯酉寅申兩冲能不亡乎余云刑冲有吉凶有輕重不能一概而論徐又寫一八字卯酉相冲余云此命本年八月三酉冲卯恐不祿徐云此乃李純之命八月亡矣神哉先生也合座皆驚愕之至

唐生智

庚寅 刼財

丙戌 正財

乙酉 七煞

己卯 冲 祿堂

三歲 乙酉
十三 甲申
廿三 癸未
卅三 壬午
四三 辛巳
五三 庚辰

合官留煞之格或以為傷官見官非大貴之命不知此命無丙火制庚其官煞混雜反為不美有丙去庚而酉煞乃得專制之權財資七煞定

五七

為封疆之寄但卯祿冲破日時相冲得志之秋風波突起勞多福少不能成大事業現午運明年庚午歲運併臨會火為傷官仍有危險辛運再起己運再落不免大失敗也

余丁卯年在滬夏歷七月批唐生智本年八月卯酉冲大不利必下野乃八月中旬唐公由鄂攻皖大捷蕪垳重寄友人劉承烈在汴電余速撤報紙蓋余登新中兩報謂唐八月必敗竟于八月底下野全國共知也

于珍

二十

七煞坐酉其奇貴均華蓋聚于天乙貴人提綱之地所以卯運衝破酉宮丁卯癸酉根基推倒故立見滅亡也

丙戌
庚戌
丙戌

廿五 癸未
卅五 壬午
四五 辛巳
五五 庚辰

煞刃雙顯之格統三軍而立勛業只因七煞無水以制之所以風波不少不能久于其位行辛運逢四十七歲辛未年兩丙兩辛各得其

五九

所定當再握兵符而膺閫寄可卜也
于濟川司令同郭殿舉師長民國三年在北京訪余批命余云四旬左右定為軍長威振中原彼時于公云我現為副官月薪一百六十元即得志在奉天為師旅之長于中原何于甚不以為然及四十二歲為北京衛戍總司令乃信服之至此係本年郭殿舉師長對余言之經余批評時已十餘年矣

戢翼翹

乙酉
己卯
乙酉
乙酉

九歲	戊	寅
十九	丁	丑
廿九	丙	子
卅九	乙	亥
四九	甲	戌
五九	癸	酉

天干三朋地支三鳳八字純陰身旺煞強定為封疆之寄但卯祿冲破得志之日輒有變局不能久于其位五十一乙亥年必重握軍符

立勲名于海内酉運再冲夘祿恐風波迭生宜

慎之

翟文選

戊寅
戊午
戊辰
戊午

五歲	十五	廿五	卅五	四五	五五	六五
己未	庚申	辛酉	壬戌	癸亥	甲子	乙丑

天干一氣寅辰龍虎相拱八字純陽缺金缺水純粹不雜必主顯貴封疆之任也土星太旺不喜刼財己巳流年比刼重故有退藏之

六四

虞五十五甲運定當出山再握政符位冠百僚

可卜也子運冲午以退為妙

汲金純

己卯
癸酉　冲
丙辰
戊戌　冲

歲	大運
八歲	壬申
十八	辛未
廿八	庚午
卅八	己巳
四八	戊辰
五八	丁卯
六八	丙寅

丙火日主坐辰水之庫癸水正官戊土合之淺見者以為傷官見官不吉不知此命取傷食生財為格至于癸水正官月上無用官之理傷官

六五

見官身旺有財喜見官其貴處在有正官又有傷官方為貴氣并非有戊合去正官即化為烏有不過合去不作為用神而正官之貴仍在也既不用正官行傷官運為之傷盡亦頗光耀行己火運身旺得祿故膺封圻不過戊辰兩戊合癸妒合難以得志此命之奇貴卯酉辰戌大冲大合與徐世昌吳佩孚皆相彷耳

六六

朱慶瀾

甲戌
丁卯
丁卯
癸卯

九歲	戊	辰
十九	己	巳
廿九	庚	午
卅九	辛	未
四九	壬	申
五九	癸	酉

癸水七殺時上一位貴而癸逢三卯為天乙貴人此為七殺坐貴且癸之長生在卯其屢膺閫寄為特任之職誠屬命運所致也民國三

六七

年張元奇省長批命余云丁逢癸煞時干三卯暈聚與朱公相同伊云係商人余云時上一位貴必為封圻之任錫乃云與朱公均在奉天為民政長也可見命理有憑在閱歷不僅在書理耳

何佩鎔

己卯
丁丑
辛酉
戊子

九歲 丙子
十九 乙亥
廿九 甲戌
卅九 癸酉
四九 壬申
五九 辛未

丁火七煞透出乃煞印相生之格不能作六陰朝陽格論也只因卯酉財祿冲破得志之時必生變局戌運刑丑合卯癸運制煞直上青雲先

六九

武後文為封疆大吏酉運冲卯又為伏吟退位損財傷妻亡子現行壬運丁壬相合大體安吉申運恐有失敗耳鄙人為湖北宜昌知事交卸後到省見何公傳令靜室候專見余惶恐以為交代有差錯不料見面後何公云前數年在北京批命謂余為省長余係軍人不能為文職余不相信在座者有壽鏞批命謂戊午年恐下台果于戊午年張君交卸財廳長余承其乏閣下亦于是年為宜昌知事亦一時佳話也遂又取王占元督軍八字研究不再贅及己巳年來遼寓瀋陽旅館何公相見云為余所批八字十三年前竟批余酉運不吉竟然家敗人亡無一不驗奇哉奇哉

于芷山

己卯
辛未
庚子
癸未

三歲	庚	午
十三	己	巳
廿三	戊	辰
卅三	丁	卯
四三	丙	寅
五三	乙	丑
六三	甲	子

金水傷官得兩未之丁火正官此即金水傷官喜見官主大貴兩未為財庫財官印俱全只嫌丙丁未透發達遲晚行丁運漸有兵權

七一

丙運統三軍而立勳名寅運財煞兩旺鎮守一方權位崇高乙運為辛刼所尅丑運金入墓庫皆非大發展之運也

高春圃

壬辰
癸卯
丙申
丁酉

一歲	甲	辰
十一	乙	巳
廿一	丙	午
卅一	丁	未
四一	戊	申
五一	己	酉
六一	庚	戌

壬癸官煞混雜逢丁與壬合此為合煞留官之格如歲為煞時為官各不相連方為官煞混雜此命歲月官煞相連只作煞論有丁刃合

煞為煞刃雙顯必握政於申酉之財彙聚必為財政大員四十一入戊運制煞有權定然擢升要職不僅廳長之位也酉運退辦實業為妙

劉祿慶

壬寅
庚戌
壬午
壬寅

五歲	辛亥
十五	壬子
廿五	癸丑
卅五	甲寅
四五	乙卯
五五	丙辰

八字純陽三朋合局又寅午戌會火局財星得令且有水火既濟之象又壬日逢兩寅趋艮之吉坐下祿馬同鄉財庫值令必為財政領袖

七五

能担百萬之財資行癸運早年掌軍稱之符丑運必為財部之長官甲寅運大得志乙運合庚恐有風波耳

王瑞華

壬辰
丙午
甲戌
丙寅

九歲丁未
十九戊申
廿九己酉
卅九庚戌

八字純陽寅午戌會火局兩丙透干地支會局此即食神有氣勝財官且又為傷官不見官必大貴但戌運特宜謹慎

七七

劉震東

甲午
乙亥
壬戌
庚子

八歲 丙子
十八 丁丑
廿八 戊寅
卅八 己卯
四八 庚辰
五八 辛巳

傷官羊刃七煞梟神干支俱現財煞會合定為軍界之斗山但制煞太過行己運傷官見官恐有風波卯運貴人合煞必然再握軍符大立勳名也

七八

張學成

壬寅
丙午
庚辰
庚辰

五歲 丁未
十五 戊申
廿五 己酉
卅五 庚戌
四五 辛亥
五五 壬子

日時皆為魁罡丙火七煞有壬水制之食先煞後位列公候此乃大掌兵權之造也只因有煞無刃三旬之前權轄萬軍不久于其位三旬

七九

八十

之後行酉刃運必再握兵符大立勳名戌運寅午戌會火局大得志之時防有危險渡此運又有十五年封辨之任也

劉翼飛

癸巳
庚申
甲午
戊辰

六歲	己	未
十六	戊	午
廿六	丁	巳
卅六	丙	辰
四六	乙	卯
五六	甲	寅
六六	癸	丑

甲戊庚三奇。兼七煞坐祿，戊癸化火制煞，有權；有己午之火，戊癸化火有根基，食神制煞，掌萬軍之權衡。只因甲木無寅之祿，無卯之

刃所謂煞無刃不顯身弱無根辛癸為正印
辰有乙木化弱為强但無刃幇身多有風波變
局太多不久于其位丙運制煞擢升帥干之
尊入辰運逢甲戌流年冲破魁罡恐大有險
阻乙夘甲三運仍可為將帥之任也寅運冲
刑并遇速退林下庶免大險也

何柱國

丁酉
辛亥
甲申
戊辰

歲	干支
五歲	庚戌
十五	己酉
廿五	戊申
卅五	丁未
四五	丙午
五五	乙巳

甲生亥月長生之地坐下申煞可為煞印相生辛金正官得酉為祿不能作官煞混雜[redacted]論因辛酉附和申金統為七煞所謂官多作

煞論也丁火傷官駕煞仍為七煞有制之格或以為官煞相混或以為傷官見官皆淺見也現行戊中財資七煞定然大立戰功三句左右萬夫之長可卜也但丙丁兩運制煞太過宜捨軍界而辦實業庶免危險耳

郭殿舉

戊子
戊午
戊午
丙辰

七歲 己未
十七 庚申
廿七 辛酉
卅七 壬戌
四七 癸亥
五七 甲子

象神羊刃并現火炎土燥幸有子辰半水局三戊一氣如有己土刼財則恐過剛必折子當太歲故能潤燥戊運丙戊均入庫必有大

八五

起大落風波迭生恐有妨剋之虞迨逢癸亥甲運兼轄文武權位極隆子運再冲刃綱宜退于林下矣

牛祿奇

壬辰
乙巳
壬子
壬寅

六歲丙午
十六丁未
二六戊申
三六己酉
四六庚戌
五六辛亥

三壬并立名曰三朋寅為食神驛馬星臨名曰馬上得食子辰相會可為煞刃雙顯之格三壬有子辰會局日主太旺幸生立夏之後

火土得令日主偏倚有殺敌成貴格申運會局
冲動驛馬屢立戰功威振千軍己酉庚戌
長勝將軍亥運冲己恐不祿

張復

乙未
壬午
癸巳
甲寅

三歲	辛	巳
十三	庚	辰
二十三	己	卯
三十三	戊	寅
四十三	丁	丑
五十三	丙	子
六十三	乙	亥

傷官生財得己午午未合方擅東南方之秀氣又歲德扶煞午未相合上坎下離水火既濟入戊運化火擢升將官大展雄才再

八九

交丁丑偏財透天定然統率三軍戡定宇內 九十
為一代之偉人且坐下天乙貴人福將臨宮
尤為特異丙運一邦之仰望子運冲午老年
怕行祿堂運可以急流勇退矣鄙人與之至
好所代為慮者三十八寅運得志之時恐有
風潮如丁艱或有病恙亦可破解積善修
身化險為夷是所切望予知已也

劉鶴齡

庚子
己丑
丙戌
戊子

九歲　庚寅
十九　辛卯
二九　壬辰
三九　癸巳
四九　甲午
五九　乙未

火土傷官逢丙子之正官得丑合之正官無用喜庚金逢丑為財庫可致陶朱之富但少生殺之權敢為農礦廳長

九一

郭丹

甲午

丁丑

乙亥

丙戌

三歲 戊寅

十三 己卯

二三 庚辰

三三 辛巳

四三 壬午

五三 癸未

六三 甲申

乙丙丁地三奇又為傷官傷盡格局大貴丑戌雖暗中有金不刑不冲金星不露故為奇異況乙之長生在午甲之長生在亥丙丁

得午戌之根四柱俱得基礎身旺財强不但大富貴且主耄耋之壽行已運驛馬冲動大起大落得意之時均防風波壬運亥山再起勳業燦然午癸兩運節鉞山河亥運不但冲丑破綱且爲木墓庫故有不測之危過此運又有甲申乙酉二十年福壽雙全丙運未大相礙隨赤松子一游矣

吳靜山

甲午
戊辰
戊子
乙卯

五歲	十五	二五	三五	四五	五五	六五
己巳	庚午	辛未	壬申	癸酉	甲戌	乙亥

歲煞時官可為官煞各分有混雜之病幸有午刃抵煞有戊辰扶身所謂身強遇官煞相混者主清貴如身弱無氣官煞相混不免貧

九四

夫此命正官得祿七煞會刃可為煞刃雙顯威
震邊疆權轄萬軍申酉兩運傷食制煞必為
封疆大吏五十五甲運七煞無制恐有風波也

九五

侯：塩

己丑

乙亥

乙未

庚辰

三歲 甲戌

十三 癸酉

二三 壬申

三三 辛未

四三 庚午

五三 己巳

時干透庚正官相合有辰龍時支變化有亥水天河可為龍吞天河可當主大貴只因生于冬月不在巳酉丑之月發不作從化格又無申酉之根

又鈌丙丁之傷官宜于文武參半不能大立
戰功不能專為軍閥文職可剅䓯任武職僅
刻簡任四十三庚運兩庚兩乙各得其所必大得
志

九七

高勝岳

丁酉
庚戌
己巳
乙丑

一歲己酉
十一戊申
二一丁未
三一丙午
四一乙巳
五一甲辰

己土日主乙木七煞庚金傷官可為傷官駕煞之格四柱缺水傷官不見財星一生名勝于剎恐難致巨富行運忽起忽落乙運大握兵權己運有風波耳

鍾文凱

辛卯
辛卯
辛卯
甲午

一歲庚寅
十一己丑
二一戊子
三一丁亥
四一丙戌
五一乙酉

天干三朋地支三卯財資午煞可為時上一位貴但三辛無申酉之根又無戊己印綬未免身弱財旺不能致大貴逢三十一歲辛

酉三十七丁卯定然大有起伏不過冲尅太甚一〇〇
得而復失然功名成就威振千軍可卜也丙戌
大運有十年美滿之結果究竟身弱逢丙火
之妒合難以大發展耳

王震東

甲午
癸酉
癸丑
癸亥

十歲 甲戌
二十 乙亥
三十 丙子
四十 丁丑
五十 戊寅
六十 己卯

癸水三朋酉丑半成金局金白水清本為貴格只因午火財弱受癸亥比刼之尅財貧傷耗丙運財旺而淺露子運冲午祿堂敗財

一〇一

多有失敗四十歲丁運偏財透干必大發財源
丑運得失參半戊寅十年戊癸化火寅木生
火大得其志當比陶朱且為仕途之要人也

章啟槐

壬午
己酉
辛未
丁酉

三歲 庚戌
十三 辛亥
二三 壬子
三三 癸丑
四三 甲寅
五三 乙卯

辛金得酉兩祿堂丁火得午為祿堂身主與七煞俱旺兩停故歷任道尹罕無風波因有傷官制煞不宜有偏印再化煞且無

財星資煞所以封疆無望也五十八卯運破祿
急流勇退可矣

一〇四

谷金聲

丁亥
戊申
丁卯
庚子

八歲	丁	未
十八	丙	午
二八	乙	巳
三八	甲	辰
四八	癸	卯
五八	壬	寅

正財得祿傷官生財宜于財政供職并非闒達之品或以為時上一位貴當為要職謬也蓋七煞不透且有亥水官煞混雜丁火不旺

不藉非偏倚有救之局不合潮流只可為稅局縣長難再發展甲運傷官用印海關之課長辰運會水局權勢必大明年庚午必為百里之侯癸卯運亦頗得志壬運官煞混雜宜急流勇退矣

包幼卿

癸未
壬戌
丁未
戊申

七歲 辛酉
十七 庚申
二十七 己未
三十七 戊午
四十七 丁巳
五十七 丙辰

官煞混雜多勞祿少福澤掌生殺之權為仕途之要人丁壬戊癸兩合官煞均有制伏尤為榮耀只因壬癸無亥子之根結果利勝于

一〇七

名簡任而巨富之命也行運戊午丁巳火土助身抵煞辦實業必得志因申金之財土多生扶故主巨富至于官職則金水不旺無大發展也

徐祖詒

乙未
庚辰
甲午
甲戌

四歲 己卯
十四 戊寅
二四 丁丑
三四 丙子
四四 乙亥
五四 甲戌

庚金七煞有乙合之頗為合格煞刃相會必主貴有大權自三十九入子運煞印相生有二十年美運一帆風順但庚煞無申酉之根

乙刃無夘寅之基虛名浩大而實惠希少
可為營務之總監可發億萬之財資福澤
綿長此可決定者也

二十

曾廣麟

辛卯
甲午
丙戌
己亥

八歲　癸巳
十八　壬辰
二十八　辛卯
三十八　庚寅
四十八　己丑
五十八　戊子

甲己合丙辛合卯戌合三合本當顯達但合多不能流通不能奮發多有羈絆不得大伸其志且辛財太薄亥水太弱財官均難達到

三

目的四十二三壬申癸酉必然權位崇高复鼇
我旅必有一番功業可預卜也

趙志白

癸巳
甲寅
壬午
辛亥

四歲 癸丑
十四 壬子
二四 辛亥
三四 庚戌
四四 己酉
五四 戊申

天干無戊己之土官星不透確成日祿歸時之格只因巳亥相冲破祿冲貴未免減色寅亥相合顯達無疑亥運冲巳驛馬大動

一一三

必握兵符庚運梟神奪食外表光彩而內容不順每于得志有為之時忽生波折勞苦自己備嘗功名為人所奪梟神奪食之累也戊運會財局富貴權勢弃璋握篆無美不備已運甲已相合大展雄才酉運瑕瑜互現戊運文武兼轄申運刑冲并臨急流勇退可也

姜鴻達

戊戌
庚申
丙辰
乙未

六歲 辛酉
十六 壬戌
二六 癸亥
三六 甲子
四六 乙丑
五六 丙寅

丙火生于申月土星重重洩丙火之氣辛乙木正印未戌暗藏丁火日主化弱為強食神生財之格八字缺水傷官不見官頗合貴格

辰戌為魁罡之星主掌兵符戌運冲辰丁艱
癸運管轄千軍亥運煞重身弱難大發展甲
運偏印生身甲戊庚三奇定然再握軍符大
立戰功子運正官宜就文職兼管財政必成
犄頻之富結束利勝于名無赫赫威權耳

齊肅

辛亥
辛丑
壬寅
癸卯

七歲 庚子
十七 己亥
二七 戊戌
三七 丁酉
四七 丙申
五七 乙未

辛壬癸三奇頗為清秀顯貴無疑但寅卯尅丑太過而四柱缺火之財又官煞不透抱不羈之財而少生殺之權部務

二七

之長官大有展施恐非封疆之任也

班平秀

甲午
丙子
丁亥
己酉

九歲丁丑
十九戊寅
二十九己卯
三十九庚辰
四十九辛巳
五十九壬午

亥子相聚不作官煞混雜論因子月水旺亥子一氣只作煞論有午冲子水之煞有巳制亥子之煞且亥酉均為天乙貴人其

貴為將軍可卜也行土運必大得志只為官煞未透于天干故行金運財旺生煞亦主富而且貴三十九庚運以後十五年勳名事業財官均達到目的但有子午之冲一生勞碌名勝于利為鎮守使有餘為封圻則不足五十四巳運冲亥急流勇退為妙

馬英翰

甲午
丙寅
丙午
戊子

一歲丁卯
十一戊辰
二一己巳
三一庚午
四一辛未
五一壬申
六一癸酉

木火通明純陽無陰兩午冲子正官無用取戊土食神為用神不宜有甲寅奪食故行庚辛金運尅制甲木必大發展羊刃重重定

為武職為將帥之任梟刃并現生殺之權在掌握中也只因四柱鈌金財星不現虛名浩大而福澤不厚多勞祿奔馳財多消耗一生名勝于利貴倍于富庚運漸握千軍之符午運火旺冲子羊刃太重得意之時恐生風波家宅不靖恐有服制尅妻傷子因日時之冲立子遲晚辛運必然統率三軍而為前敵總指揮未運瑕瑜互現壬運握全軍之符威振海內申運或以冲寅不吉謬見也此命喜申之冲立不世之勳癸酉福厚位尊七十一甲運梟神奪食歸道山矣

閻嘉奇

丙申
甲午
壬寅
壬寅

七歲	乙未
十七	丙申
二十七	丁酉
三十七	戊戌
四十七	己亥
五十七	庚子
六十七	辛丑

六壬趋艮之格丙火偏財通月令之氣甲木得丙寅為祿堂暗合亥祿所謂食神有氣勝財官凡壬見寅字多者必主大富因寅中丙火偏財

戊土偏官甲木食神均為壬所喜也八字純陽慷慨義氣大名鼎鼎只因寅申相冲七煞不顯羊刃未現不能大立戰功文武參半簡任之職兼理實業必然作一番大事業名振海內也戊運會火局身弱財旺恐有風波五十二亥運合寅發橫財庚子辛三運富冠一城

董郎修

甲辰
甲戌
乙未
乙酉

四歲 乙亥
十四 丙子
二四 丁丑
三四 戊寅
四四 己卯
五四 庚辰

丙干不雜得酉為七煞戌有辛金乙為秋之桐桂得酉金彫琢成棟樑之材簾籬附甲之喬木不畏砍伐取酉為用神理也此君精于

一二五

子平者自己研究取胎元丑字為四庫俱全為用神余云胎元不可拘泥于十月產生有七八九月不等也甲乙比刼太旺喜丙丁火運以洩其秀氣戊己丑土運以助其官煞忌寅卯木運以刼其財資此君佩服之至

高祿鎮

壬辰
戊申
乙未
丁丑

二歲己酉
十二庚戌
二二辛亥
三二壬子
四二癸丑
五二甲寅

此命正官正印正財三奇之格在隆盛時代此造顯貴無疑近代皆偏峯格局羊刃七煞大得其志蓋命隨潮流轉移也愚斷此造抱經世

一三七

之宏才抑鬱不得志不過士林山斗虛名遠揚
而已因無煞之故也

李振國

戊戌
辛酉
己亥
甲戌

二歲	壬	戌
十二	癸	亥
二二	甲	子
三二	乙	丑
四二	丙	寅
五二	丁	卯

己土得丙戊之刼戊土助身故為武職但甲木正官相合無煞無刃余斷其難以顯貴食神生財余勸其改為文職辦理實業可致豐富現乙

一三十

運七煞透出漸握兵權丑運刑戌恐有風波丙運合辛化水宜棄武就文入財政之途定當福澤優游因其日主與用神皆非偏倚有救故不能大得志耳

劉榮國

丙申
戊戌
辛酉
戊戌

一歲	己亥
十一	庚子
二一	辛丑
三一	壬寅
四一	癸卯
五一	甲辰

土厚埋金身坐酉祿地支申酉戌得西方金旺之氣名曰[illegible]成方[illegible]格不宜有己酉丑戌成局來混缺水缺木格純粹丙火正官有兩戌丁火為根不能作官

煞混離論也戌庫喜丑來刑所謂君子不刑官不發丑運百里之侯也壬運兩戌來尅忽起忽落寅、運尅制戌土必大展經濟癸運兩戌妒合恐喜參差生悲卯甲兩運權位極隆辰運宜退林下矣

盧孝侯

丁未
丙午
癸丑
己未

九歲　乙巳
十九　甲辰
二九　癸卯
三九　壬寅
四九　辛丑
五九　庚子

財煞太旺日主太弱僅有一丑字在坐下扶助日元不能作棄命從煞論仍作用印之格行運尚佳恐寅運火旺難渡

此厄也

王致修

丁酉
壬子
癸亥
甲寅

八歲 辛亥
十八 庚戌
二八 己酉
三八 戊申
四八 丁未

水木傷官不見官而有丁火之財酉金之印頗為合格水清木秀特才傲物聰明絕倫身旺而財輕無刃無煞不能握兵符立戰功因

一三五

傷官不見官可為傷官傷盡在政界有生殺予奪之權為司道之職但多有風波不久于其位而大名鼎鼎未可量也

王冷佛

戊子
乙卯
壬午
壬寅

八歲	丙辰
十八	丁巳
二八	戊午
三八	己未
四八	庚申
五八	辛酉

傷官駕煞本當顯貴但刑冲兼全又無印綬一生虛名浩大實惠太少行乙未運傷官見官不得意庚申必佳

馬惠階

戊寅
戊午
壬申
乙巳

五歲　己未
十五　庚申
二五　辛酉
三五　壬戌
四五　癸亥
五五　甲子

煞重身弱刑冲薫全僅有乙寅不能制煞故得志之時風波甚險幸驛馬天馬均在歲星時上天乙貴人財星顯明富貴上流人物也甲運必大得志

安靜山

乙酉
己卯
戊子
丙辰

十歲	戊寅
二十	丁丑
三十	丙子
四十	乙亥
五十	甲戌
六十	癸酉

戊己生于卯月乙木得卯為祿正官得祿之格只為酉金冲卯格局減色仍喜扶助官星之運或謂身弱喜印則謬矣前行丙丁火

土運不能展施乙運政符在握兼有兵權亥
甲丙運財煞兩旺位列上級戌運冲辰財庫財
政之領袖癸運亦大得意酉運冲卯急流勇
退定享大壽也

郭孟珩

癸巳
庚申
丁丑
己酉

一歲 己未
十一 戊午
二一 丁巳
三一 丙辰
四一 乙卯
五一 甲寅
六一 癸丑

袁項城之命丁日癸煞己食長生在酉與此命相彷但彼則天干有比地支兩未身強煞淺此則地支無根僅一巳火被酉丑會為財局身

弱煞強彼則純陰氣偏此則正財氣平蓋不偏不枯不能陡發不合潮流在盛世則科第顯達在亂世則循序漸升四旬之前屢膺要職將官之列但無赫赫之威權四旬有一入乙運二十年印綬美運為財政領袖發百萬巨富長久安樂其福澤不可及也癸運煞重身衰退于林下可也

陳祝三

戊子
戊午
甲寅
乙亥

九歲己未
十九庚申
二十九辛酉
三十九壬戌
四十九癸亥
五十九甲子

偏財透出，得午火傷官以生財，當爲財政之職。木旺無金，不得成棟樑之材，行壬運梟神而逢兩戊制之，非美運也。財產失敗，在所不免。戊運會

火局食神生財必有一番興隆再握財符可卜也

左鳳樓

辛卯
丙申
乙酉
戊寅

七歲	乙未
十七	甲午
二七	癸巳
三七	壬辰
四七	辛卯
五七	庚寅

貴造乙生申月坐下酉金官煞混雜幸有丙火合辛可謂傷官駕煞之格七煞有制主掌千軍之符惜地支兩冲多有風波不能久

一四五

一四六

于其位現行壬運正印之地去年戊辰己巳尅制壬水事多反復內外不靖明年庚午官煞相混三四月多有拂意五月節後午年午月必有奇遇大得其志以至四十二歲名利兼收兵權在握四十三癸酉冲卯諸事退忍恐有風潮且有春口之傷也四十四以後又有二十年勳業鎮轄全郡也

關文泰

丙申
庚寅 冲
壬辰
壬寅

八歲 辛卯
十八 壬辰
二八 癸巳
三八 甲午
四八 乙未
五八 丙申

八字純陽偏財偏印俱有根基可謂身旺財强壬騎龍背之格或以為二虎拱門六壬趨乾皆非確論既無七煞透干又無羊刃在支煞刃不

一四七

一四八

顯徒有辰為七煞兩寅尅制決不能顯達因無生殺之大權也況寅申相冲提綱冲破豈能為軍閥要人因丙火有兩寅長生當在財政實業有發展耳己午兩運財發巨萬乙運乙庚化金梟神合運恐有風波未丙兩運名利兩全申運冲寅歸道山矣

黃慶階

庚午

己卯

辛巳

辛卯

十歲	庚辰
二十	辛巳
三十	壬午
四十	癸未
五十	甲申
六十	乙酉

印綬既透比刼又重己土得午為祿堂庚金得己為長生身旺極矣兩卯得偏財當令己午官煞相混財官亦旺極矣財官印俱全仕途

一五十

但然只因官煞未透故不能大貴未運為財庫中運為正財久握縣篆中運老當益壯富豪之根基成立申與己合故不畏其刼財運也乙運偏財透天得卯為祿必成猗頓之富酉運冲卯破祿恐有大厄

胡天民

辛丑
庚子
甲戌
丁卯

五歲	己亥
十五	戊戌
二五	丁酉
三五	丙申
四五	乙未
五五	甲午

官煞兩透得丑戌之根正官從七煞一氣或以為官煞混雜者謬也有丁火傷官以駕煞有卯木羊刃以敵煞有子水正印以化煞或以

一五一

為煞重身輕者又謬也此蓋煞刃雙顯之格耳煞刃兩全定然威振邊疆膺將官之任丙運制煞合官化水為印大得其志中運煞重魁卯楊眉吐氣之秋防有風波不測乙運合煞為貴名利兼全卯運大展經綸未運甲木入墓庫宜乎急流勇退矣

一五二

王禹伯

辛卯
辛卯
庚戌
丙子

七歲 庚寅
十七 己丑
二七 戊子
三七 丁亥
四七 丙戌
五七 乙酉

丙煞得卯戌之生扶煞星太旺庚金無申酉之根基日主太弱辛賴丙辛相助身弱化爲氣旺但辛尅卯太重仍喜丁丙火運制金不致刼財太甚身弱

一五三

煞强仕途奔波難得顯貴百里之侯可以如願亥運財發巨萬丙運權振一郡戌運合卯大太旺恐多病厄

先君冠三公之命

戊戌
壬戌
庚子
丙戌

七歲	十七	二七	三七	四七	五七
癸亥	甲子	乙丑	丙寅	丁卯	戊辰

先君博學宏才年老手不釋卷歷任鹾務之職深好子平喜讀史記行辰運戊戌流年先君自算辰戌相冲與大運流年四柱伏吟天羅地

一五五

網恐有不祥由曹縣鹽務告辭回里竟於辰月
捐館鄙人入泮後即研究命理從此甚信子平
有憑倍加審思鄙人此年二十五歲矣

趙子端

戊午
戊午
己卯
乙亥

七歲　己未
十七　庚申
二七　辛酉
三七　壬戌
四七　癸亥
五七　甲子

鄙人於光緒二十五年五月在濟南賈宅教讀是日大雨趙姊丈子端聯床話雨批其八字余云火土太旺現行戌運墓庫流年己亥五月火

一五七

㚇土燥恐有不測格外小心次晨趙君寫字擱筆回頭見其本身面立伊云不祥遂回家未及三日心痛而亡鄙人聞之痛哭之至由此愈信命理有憑遂篤志求精此年余二十六歲至今已三十餘年矣回憶舊塵不禁慨嘆之極

李佩芹

羊刃	丁	未	傷官羊刃
梟神	甲	辰	食神
日主	丙	戌	冲 食神
梟神	甲	午	羊刃 羊火局

一歲	癸	卯
十一	壬	寅
二十一	辛	丑
三十一	庚	子
四十一	己	亥
五十一	戊	戌

英造丙日左右兩梟神奪辰戌之食時支歲支皆為羊刃最忌午戌會局羊刃怕合怕會午與未合大不相宜丁刃透天乃羊刃倒戈之象子平

一五九

云羊刃倒戈必作無頭之鬼此命木火太旺過剛必折容再詳批

己巳年夏此君來批命余勸其誦經行善勿入軍界切記切記乃庚午年夏令竟死於非命合家八口均為仇人所害此君之父鏡舟亦曾來批命余斷其壽高幸未遭此險可見命理有憑也

再者李佩芹腰間有繩勒五條產生時即有三條至去年己巳又生兩條色白于皮膚每年增長且更為清楚此亦奇事也

卷下

命理搜真

論格局

子平各書取格局太繁雜不驗如飛天祿馬井叉欄六陰朝陽等格皆不相符惟有取財官印食羊刃建祿七煞比劫格頗為正論且命之富貴貧賤壽夭在有格局而得清秀貴氣方為合格如有格局而刑冲破害有病無藥或過於中和無特別秀氣亦仍平常人也

論正財偏財

凡有財星旺而身弱者必敗祖業必有季常之病身强財旺而通氣於地支必為財政長官正財儉約偏財慷慨財星在時上坐於貴人之位必富而且貴

論正印偏印

正印者多福澤印多則智謀深況有正印可解一切凶煞

偏印即梟神凡身旺透出兩梟即無食神亦多夭折余屢見此命皆甚驗也有偏財尚可解救

論七煞

凡有時上七煞透干而地支有根基再有傷食制之未有不顯達且多掌兵刑之權較他格局皆易斷皆靈驗自袁項城七煞大貴彼時將官顯宦十有八九皆傷官駕煞之格自近年蔣介石馮玉祥傷官傷盡現時達官多有傷官格局不論見官不見官有救助者均大得志此亦潮流所致命理隨時勢轉移此又余四十年之閱歷也

論正官

月令正官無可用之理身與官星純和無病平常之人要在時上正官反主大貴亦要干支通氣如時上正官得地支有根基有正官得祿堂之美必主顯達至於歲月日有正官未見主貴余之經驗歲月日時七煞得令者必大貴如正官透出而傷官亦透有財星者亦主大貴蓋正官有病方為貴此余之經驗也

論傷官

子平云金水喜見官（汲金純熱河都統是火土傷官有正官蔣介石是土金傷官不見官也馮玉祥）火土土金傷官不喜見官此皆非正論總之身旺比刼太重有傷官仍喜見不必分何等傷官有財喜見官有正官再有傷官洩日主之精英身强者喜洩故大貴身弱傷官重重洩氣性命不保

再有正官來尅所以貧夭蓋傷官正官兩透此命之奇貴秀氣顯然易見絕非平常之命再有財印必大得志此等經驗非命書所及也

論傷官見官　木金水此三相見官則可火土傷官怕見官不驗

不論金水火土傷官身過旺即喜見官有財則傷官有所倚託即能生官不怕見官身弱不喜見官無比刼不喜見官蓋日主弱怕官也

論官煞混雜

正官重疊即作煞論七煞透露地支正官隨煞不作相混論至於去官留煞合煞留官均不為相混行運或喜煞忌官或喜官忌煞要分別清晰不得相混如混雜則此運不吉年月官煞相連作煞論不為相混年時官煞各分乃為相混也

論祿馬

祿馬同鄉是官為祿財為馬至於祿堂驛馬之祿馬與此不同

論局方

亥卯未合局不得再見寅辰寅卯辰合方不得再見亥未為其太過方局莫混因為合方合局干支純粹如見庚辛官反為破局破方不成格局總之方局相混干支一氣太旺喜行純火之運最好所謂喜南還喜北恐北方生木太過非好運也過剛則折可慮耳

論驛馬

以日為主忌空亡十二歲以前五十歲以後忌行運逢驛馬因馬為變動老幼不堪其勞祿三命通會有

一六五

十二馬之名不足憑也余經驗者馬上天干財官食神
皆吉馬上得財官食并再坐貴人更佳怕干坐梟神
反食日主也馬逢太歲為鞭策太歲冲擊即鞭
策主大變動日時互換馬與祿堂謂之祿馬交馳
時支之馬為日主之祿堂謂之祿馬同鄉但非壬見
午財官祿馬同鄉也貴人馬多升擢常人馬多奔波
馬頭帶劍威鎮邊疆壬申癸酉為真劍

論五行之合化

寅亥二宮屬木卯戌二宮屬火辰酉二宮屬金申巳二宮
屬水子丑二宮屬土午未二宮屬太陽太陰亦屬火為正

論天月二德

在日上為的當

論天乙貴人

在時上頂財官者必富貴

論羊刃

五陽字有刃無陰字無刃羊刃倒戈無官煞制必凶

論干支相合

日主干支與流年太歲干支俱合大吉子平云一旬內為君臣慶會但只有辰戌卯酉四天兩旬內為夫妻聚會所謂兩旬者即他旬不拘二十天之內也甲子乙丑甲午己未皆二十六天也日干與太歲天干合者主晦氣若干支俱合則吉時干合太歲禍尤重合祿馬合貴人合建祿皆言地支與歲支合均吉故地支六合為鴛鴦合太歲與大運亦同喜合不喜冲又要知歲冲剋運者吉運冲剋歲者凶合中帶刑帶煞亦不吉分别日合太歲是太歲合日如甲日己年己日甲年甲日合己

年災重己日合甲年災輕陽得陰合福慢陰得陽合福紫蓋得正官合也天冲地尅柱中原有不怕流年再遇司空見慣之意也歲尅時時尅歲亦主有災却以子位斷之男子忌合絶女子忌合貴

論冲尅

寅申巳亥為長生之地最怕冲動辰戌丑未為四庫之方宜冲則開喜刑冲不冲不發但亦有怕冲者須查其日主喜忌如何總是不喜合怕閉庫也子午卯酉為四敗之宮有逢合喜冲逢冲喜合不若生地怕冲庫地怕合也支神以冲為重刑穿為輕但四庫逢刑亦頗有驗所謂君子不刑 定不發小人逢之遭官撻君子小人指在位在野而言也破印破財破祿爲破合皆不吉干合支冲即為破合在日時之位主手足頭目有

殘疾子午卯酉辰戌丑未寅申巳亥四柱全者反成大格不以冲擊論余經驗者徐世昌卯酉辰戌吳佩孚卯酉辰戌汲金純卯酉辰戌大冲大合皆主貴李景林子午卯酉此四字全者不鮮見也甲子見甲午同類相冲者不吉干合逢支剋破者不吉

論蓋頭截脚

大運重地支未嘗無天干太歲重天干未嘗無地支一運看干年切勿上下截看犯蓋頭截脚之病如甲寅乙卯或壬寅癸卯寧使天干生地支而陰厚勿使地支生天干而洩氣蓋頭如喜木而逢庚寅喜火而逢壬午之類行庚辛運而金絕於寅卯為無根則凶減其半如八字有丙丁或流年有丙丁則無凶截脚如喜木而逢甲申喜火而逢丙子之類寅卯吉運也因庚辛蓋頭吉亦

一六九

洩半如八字寅申卯酉丑未之冲再逢金流年則反凶
矣截脚之運如喜木而逢甲申乙酉木絕於申酉謂
之地支所載故甲乙之運不吉如八字原透庚辛或庚
辛流年必凶無疑所以十年皆凶如八字原透壬癸或流
年壬癸洩金生木和平無凶矣蓋頭截脚不可不審也
所有各種關煞空亡十惡大敗斷橋鐵掃箒八敗等
等妄說均屬江湖讆者姑作驚人之語一切無稽之
書均當焚其板也此係初編匆匆付梓所有各要人
名流八字均在續編登錄并有特别經驗及諸書
謬誤之解釋俱於續編詳晰發揮焉

占筮類			
1	擲地金聲搜精秘訣	心一堂編	沈氏研易樓藏稀見易占秘鈔本
2	卜易拆字秘傳百日通	心一堂編	
3	易占陽宅六十四卦秘斷	心一堂編	火珠林占陽宅風水秘鈔本
星命類			
4	斗數宣微	【民國】王裁珊	民初最重要斗數著述之一；未刪改本
5	斗數觀測錄	【民國】王裁珊	失傳民初斗數重要著作
6	《地星會源》《斗數綱要》合刊	心一堂編	失傳的第三種飛星斗數
7	《斗數秘鈔》《紫微斗數之捷徑》合刊	心一堂編	珍稀「紫微斗數」舊鈔秘本
8	斗數演例	心一堂編	
9	紫微斗數全書（清初刻原本）	題【宋】陳希夷	斗數全書本來面目；有別於錯誤極多的坊本
10-12	鐵板神數（清刻足本）——附秘鈔密碼表	題【宋】邵雍	無錯漏原版秘鈔密碼表　首次公開！
13-15	蠢子數纏度	題【宋】邵雍	蠢子數連密碼表打破數百年秘傳　首次公開！
16-19	皇極數	題【宋】邵雍	清鈔孤本附起例及完整密碼表研究神數必讀！
20-21	邵夫子先天神數	題【宋】邵雍	附手鈔密碼表研究神數必讀！
22	八刻分經定數（密碼表）	題【宋】邵雍	皇極數另一版本；附手鈔密碼表
23	新命理探原	【民國】袁樹珊	子平命理必讀教科書！
24-25	袁氏命譜	【民國】袁樹珊	
26	韋氏命學講義	【民國】韋千里	民初二大命理家南袁北韋
27	千里命稿	【民國】韋千里	
28	精選命理約言	【民國】韋千里	北韋之命理經典
29	滴天髓闡微——附李雨田命理初學捷徑	【民國】袁樹珊、李雨田	命理經典未刪改足本
30	段氏白話命學綱要	【民國】段方	民初命理經典最淺白易懂
31	命理用神精華	【民國】王心田	學命理者之寶鏡

32	命學探驪集	【民國】張巢雲	發前人所未發 稀見民初子平命理著作
33	澹園命談	【民國】高澹園	
34	算命一讀通——鴻福齊天	【民國】不空居士、覺先居士合纂	
35	子平玄理	【民國】施惕君	
36	星命風水秘傳百日通	心一堂編	
37	命理大四字金前定	題【晉】鬼谷子王詡	源自元代算命術
38	命理斷語義理源深	心一堂編	稀見清代批命斷語及活套
39－40	文武星案	【明】陸位	失傳四百年《張果星宗》姊妹篇 千多星盤命例 研究命學必備
相術類			
41	新相人學講義	【民國】楊叔和	失傳民初白話文相術書
42	手相學淺說	【民國】黃龍	民初中西結合手相學經典
43	大清相法	心一堂編	重現失傳經典相書
44	相法易知	心一堂編	
45	相法秘傳百日通	心一堂編	
堪輿類			
46	靈城精義箋	【清】沈竹礽	沈氏玄空遺珍 玄空風水必讀
47	地理辨正抉要	【清】沈竹礽	
48	《玄空古義四種通釋》《地理疑義答問》合刊	沈瓞民	
49	《沈氏玄空吹虀室雜存》《玄空捷訣》合刊	【民國】申聽禪	
50	漢鏡齋堪輿小識	【民國】查國珍、沈瓞民	
51	堪輿一覽	【清】孫竹田	失傳已久的無常派玄空經典
52	章仲山挨星秘訣（修定版）	【清】章仲山	章仲山無常派玄空珍秘 門內秘本首次公開
53	臨穴指南	【清】章仲山	
54	章仲山宅案附無常派玄空秘要	心一堂編	沈竹礽等大師尋覓一生末得之珍本！
55	地理辨正補	【清】朱小鶴	玄空六派蘇州派代表作
56	陽宅覺元氏新書	【清】元祝垚	簡易·有效·神驗之玄空陽宅法
57	地學鐵骨秘　附　吳師青藏命理大易數	【民國】吳師青	釋玄空廣東派地學之秘
58－61	四秘全書十二種（清刻原本）	【清】尹一勺	玄空湘楚派經典本來面目 有別於錯誤極多的坊本

62	地理辨正補註 附 元空秘旨 天元五歌 玄空精髓 心法秘訣等數種合刊	【民國】胡仲言	貫通易理、巒頭、三元、三合、天星、中醫
63	地理辨正自解	【清】李思白	公開玄空家「分率尺、工部尺、量天尺」之秘
64	許氏地理辨正釋義	【民國】許錦灝	民國易學名家黃元炳力薦
65	地理辨正天玉經內傳要訣圖解	【清】程懷榮	秘訣一語道破，圖文并茂
66	謝氏地理書	【民國】謝復	玄空體用兼備、深入淺出
67	論山水元運易理斷驗、三元氣運說附紫白訣等五種合刊	【宋】吳景鸞等	失傳古本《玄空秘旨》《紫白訣》
68	星卦奧義圖訣	【清】施安仁	
69	三元地學秘傳	【清】何文源	
70	三元玄空挨星四十八局圖說	心一堂編	三元玄空門內秘笈　清鈔孤本
71	三元挨星秘訣仙傳	心一堂編	過去均為必須守秘不能
72	三元地理正傳	心一堂編	公開秘密
73	三元天心正運	心一堂編	與今天流行飛星法不同
74	元空紫白陽宅秘旨	心一堂編	
75	玄空挨星秘圖 附 堪輿指迷	心一堂編	
76	姚氏地理辨正圖說 附 地理九星并挨星真訣全圖 秘傳河圖精義等數種合刊	【清】姚文田等	
77	元空法鑑批點本——附 法鑑口授訣要、秘傳玄空三鑑奧義匯鈔 合刊	【清】曾懷玉等	蓮池心法　玄空六法 門內秘鈔本首次公開
78	元空法鑑心法	【清】曾懷玉等	
79	曾懷玉增批蔣徒傳天玉經補註【新修訂版原（彩）色本】	【清】項木林、曾懷玉	
80	地理學新義	【民國】俞仁宇撰	
81	地理辨正揭隱（足本） 附連城派秘鈔口訣	【民國】王邈達	揭開連城派風水之秘
82	趙連城傳地理秘訣附雪庵和尚字字金	【明】趙連城	
83	趙連城秘傳楊公地理真訣	【明】趙連城	
84	地理法門全書	仗溪子、芝罘子	巒頭風水，內容簡核、深入淺出
85	地理方外別傳	【清】熙齋上人	巒頭形勢、「望氣」「鑑神」
86	地理輯要	【清】余鵬	集地理經典之精要
87	地理秘珍	【清】錫九氏	巒頭、三合天星，圖文並茂
88	《羅經舉要》附《附三合天機秘訣》	【清】賈長吉	清鈔孤本羅經、三合訣法圖解
89-90	嚴陵張九儀增釋地理琢玉斧巒	【清】張九儀	清初三合風水名家張九儀經典清刻原本！

91	地學形勢摘要	心一堂編	形家秘鈔珍本
92	《平洋地理入門》《巒頭圖解》合刊	【清】盧崇台	平洋水法、形家秘本
93	《鑒水極玄經》《秘授水法》合刊	【唐】司馬頭陀、【清】鮑湘襟	千古之秘，不可妄傳匪人
94	平洋地理闡秘	心一堂編	雲間三元平洋形法秘鈔珍本
95	地經圖說	【清】余九皐	形勢理氣、精繪圖文
96	司馬頭陀地鉗	【唐】司馬頭陀	流傳極稀《地鉗》
97	欽天監地理醒世切要辨論	【清】欽天監	公開清代皇室御用風水真本
三式類			
98-99	大六壬尋源二種	【清】張純照	六壬入門、占課指南
100	六壬教科六壬鑰	【民國】蔣問天	由淺入深，首尾悉備
101	壬課總訣	心一堂編	過去術家不外傳的珍稀六壬術秘鈔本
102	六壬秘斷	心一堂編	
103	大六壬類闡	心一堂編	
104	六壬秘笈——韋千里占卜講義	【民國】韋千里	六壬入門必備
105	壬學述古	【民國】曹仁麟	依法占之，「無不神驗」
106	奇門揭要	心一堂編	集「法奇門」、「術奇門」精要
107	奇門行軍要略	【清】劉文瀾	條理清晰、簡明易用
108	奇門大宗直旨	劉毗	天下孤本　首次公開 虛白廬藏本《秘藏遁甲天機》 奇門不傳之秘　應驗如神
109	奇門三奇干支神應	馮繼明	
110	奇門仙機	題【漢】張子房	
111	奇門心法秘纂	題【漢】韓信（淮陰侯）	
112	奇門廬中闡秘	題【三國】諸葛武侯註	
選擇類			
113-114	儀度六壬選日要訣	【清】張九儀	清初三合風水名家張九儀擇日秘傳
115	天元選擇辨正	【清】一園主人	釋蔣大鴻天元選擇法
其他類			
116	述卜筮星相學	【民國】袁樹珊	民初二大命理家南袁北韋 南袁之術數經典
117-120	中國歷代卜人傳	【民國】袁樹珊	